U0864018

聆听汉字之美

花草字传

Tales of the Words
for Flowers
and Grasses

满目青翠

Myriad of Greenery

张一清 著

梁 艳 读

山东友谊出版社

卉 草 叶

本 末 未

竹 桑 梓

树

木

禾

芝

松

麻

柳

楷

前言

我写这套书源于一个既偶然却又必然的机会。

央视新闻主播梁艳和我是参加《中国汉字听写大会》时的同事，她在现场是考官，我是嘉宾，就这样，我们逐渐熟识了。后来我们经常聊一些与汉字和文化有关的话题，我们的漫谈看似海阔天空，实则形散而神不散。我凭着一点还不算驽钝但也谈不上敏锐的领悟力，慢慢意识到应当把对汉字的感受与更多的朋友分享。

恰在此时，又有新老媒体都做得颇有心得的龙朝朝女士、浸淫美术和出版多年的姜海涛女士也加入了我们的漫谈。大家由于志趣相投，倒也省却了许多客套的环节。漫无边际之中，我们的谈话渐渐聚焦于几个问题：

第一，我们每天都离不开的汉字是怎么发展到今天的。

第二，表示我们身边大小事物的汉字跟这些事物本身有什么联系。

第三，我们应该如何把汉字中的内涵和中华文化意蕴告诉我们的后代。

说实话，每一个话题都不小，想要真正说清楚又谈何容易。好在我们几位都是比较务实的人，而且对我在汉字方面有几斤几两也都心中有数。因此，我们打算就从最常见的事和最常用的字入手，力争用文字、声音和图画联合呈现的方式，尽量传递汉字与中华文明的意韵与优美。

看一看我们身边的大千世界，花草树木无处不在，可是除了植物学家，我辈凡夫俗子对它们中的绝大多数大概是叫不出“姓名”的；而且就算对那些能知道名姓的“赤橙黄绿”，我们也不一定能真正了解这些称呼的来源和寓意。

对于自然界的万千植物，传统文化从多种角度都有过一些表述，如“人非草木，孰能无情”“落红不是无情物”等等。

以上两种看似矛盾的习惯用语和诗句，其实它们各自都有自身的针对性：前者强调人是“性情中人”，理应有情有义，其中也包括对自然万物的情与义；后者则彰显草芥也是有感觉、有情怀的生命体，同样需要人类的关注与尊重。

中华文明上下几千年，从古至今一向不缺乏寄情自然的人与事："东篱采菊"的陶令，"梅妻鹤子"的林逋，守着十棵参差不齐古松怡然自得的白居易，还有宁可食无肉也要居有竹的苏东坡……无数先贤用他们体察、关爱自然的胸怀，在"菊、梅、松、竹" 等汉字中镌刻真情与大爱，并给后人留下玩味和感动的空间与源泉。

另一方面，大自然的寻常之物若与人类相比，看似"心智"不全，实则"心地"善良。例如描摹谷穗下垂状态惟妙惟肖的"禾"字，原来是农作物扬花吐穗之后不忘根本，俯首向滋养、支撑自己的根部致意；而《诗经》中"常棣之华，鄂不韡韡。凡今之人，莫如兄弟"，则又给"萼（鄂）、不（跗、柎）"等字注入了浓浓的兄弟之情……看起来，大千世界处处有情，汉字之中韵味无穷。

本着上面这点粗浅认识，我们几个人讨论并形成了首先写一写汉字中的花草树木这样的思路。

承蒙山东友谊出版社的抬爱，他们拟议并通过了这个出版选题，而且协调精兵强将筹划实施出书事宜。在他们的大力支持下，这套小书最终得以问世。在此特别感谢为本书付出辛勤劳动的出版社编辑以及工作人员。

我们还要向《中国汉字听写大会》的总导演关正文表示敬意与谢意，敬重他坚持不懈推动汉字和中华文化的普及与传承，感谢他客观上为这套书的萌生提供了必要的机缘。

对于本套书引用到的大量古今经典，我们更是对创造它们的巨人、大师感念于心并满怀敬意。感谢他们用挺直的脊梁支撑起灿烂悠久的中华文明！感谢他们用坚实的肩膀支持着一代又一代人不断进步与创新！

我还要感谢我的太太胡明女士和女儿张牧笛小姐，因为她们是书稿的第一审阅者，她们向我提出了许多富有建设性的意见与建议，书稿中也凝结着她们的心血。

最后，我们也必须向本书读者表示由衷的感谢。因为你们的关注将是我们继续探究汉字与中华文化的不竭动力，特别是你们的批评与指正也必将使我们不断增长知识，并且和你们一道更好地传承我们中华民族绵延数千年的优秀文化。

张一清

2016 年 7 月

目录

卉 1

草 11

叶 21

树 31

木 41

禾 51

本 61

末 71

未 81

芝 91

松 101

竹 111

桑 121

梓 131

麻 141

柳 151

楷 161

扫描收听有声版

卉

huì

小篆

隶书

楷书

行书

“卉”这个字由三个“屮”（chè）字构成。“屮”这个字则形象地表示了草木刚刚萌芽并长出了一点嫩枝的样子，下面是扎入泥土的根部，上面是露出地面的幼芽和嫩枝。因此，由三个“屮”构成的“卉”最初就是百草的总称。另外，在古代“屮”也表示草，可以看作是“艹”的一种省略形式。

但是，由于草与花原本就难解难分，大抵世间之草，确实既有一生绿色衣装、鲜见开花、“野火烧不尽”的一类；也有萌芽开花、万绿丛中色彩缤纷的一类。因此，“卉”指的是“草”还是“花”，有些时候的确会成为一桩令人纠结的事情。例如《诗经·小雅·出车》：“春

四时花卉
清
汪承霈

卉

五彩描金花蝶纹攒盘
清 康熙

日迟迟，卉木萋萋”；还有柳宗元《永州八记》之《袁家渴记》：“又有奇卉，类合欢而蔓生”。花乎，草乎？哪个人又能说得清楚？

而且，让人纠结的事情还不止于此，像“庶卉”一说，原本就有“众草；群花”两种含义，那么，西汉扬雄[1]《元后诔[2]》中的“丰阜[3]庶卉”，南北朝范晔《后汉书·班固传》中的“庶卉蕃芜”，究竟说的是草还是花，恐怕也不能一概而论。

好在有些情况下，如果能够放眼更大的背景，我们还是可以确定“卉”指的究竟是“绿衣仙子”，还是“红粉佳人”。例如南北朝沈约的《咏新荷应诏》：“勿言草卉贱，幸宅天池中。”这里的“草卉”

① 西汉著名经学家、文学家，其经学、语言学作品有《法言》《方言》等；辞赋代表作有《上林赋》《甘泉赋》等。他本姓“杨”，据说是因为标新立异而使用了“扬”。其实在古代，“扬”和“杨”原本就存在着通用的情况。

② 这个字读 lěi，意思是叙述逝者生前事迹，表示哀悼，大致类似今天的致悼词。后来它也表示祭文和悼词本身。

③ 这个字读 fù，最初的意思是高大的土山。后来由高大含义逐渐又发展出“众多、丰富”等意思，例如“物阜民康”等。

荷

荷花鸳鸯图

明

徐渭

显然指的是池沼中出淤泥而不染的荷花了。

此外，“卉”言草还是言花，原本也并非原则问题，心有绿意它便是如茵绿草；心有蓓蕾它便能绽放芳华。如若装点生活，大多数时候确实更取决于装点生活的心境。

五彩加金鹭莲纹尊
清

再行一步

与花卉有关的一切，带给人的一般多是愉快的感受。但是，毫无疑问，相反的情况也必然存在。千百年来，寄情于物的才子佳人往往于草木寥落之时发出无数伤春悲秋的慨叹。例如一生与泪水结缘的红楼佳人林黛玉，“花谢花飞飞[④]满天，红消香断有谁怜”，“试看春残花渐落，便是红颜老死时”，她荷锄葬花的故事与一唱三叹的《葬花吟》，的确令多少有情男女痛彻心扉、欲罢不能。

草木凋零虽为世间万物新陈代谢之必然，然而，“人非草木，孰能无情”，生命的轮回毕竟让人喜新亦会念旧。更何况，人世间尚有人为摧残花木的现象存在。姑且不论常常震动我们耳膜的乱砍滥伐，就说自古就有的“鶗鴂[⑤]雕卉”，这也是典型的令人侧目和不齿的卑劣行径。

从屈原《楚辞 · 离骚》“恐鶗鴂之先鸣兮，使夫百草为之不芳”，到白居易《东南行一百韵寄通州元九侍御等》“残芳悲鶗鴂，暮节感茱萸”，再到纪晓岚《阅微草堂笔记 · 滦阳消

④ 亦有版本作“花”。

⑤ 这个词读 tíjué，指的是杜鹃鸟。因为这两个字都不属于《通用规范汉字表》收录的字，所以按照有关规定，字里面包含的“鳥”无需类推简化作“鸟”。

落花诗意图（局部）
明
沈周

夏录四》“鶗鴂惊秋不住啼，章台回首柳萋萋”和秋瑾《满江红·鹃》“鶗鴂声哀，恨此际芳菲都歇”，满纸满篇，无一不是杜鹃啼鸣与百花凋零。因此，“鶗鴂雕卉”就有了由于鸣叫而导致花卉凋落的寓意。而实际上在古代，它早已被用来表示奸佞小人进谗言陷害贤良的意思了，例如唐代沈传师《<元和辨谤略>序》：“盖谓似信而诈，似忠而非，便便可以动心，捷捷可以乱听，岂止鶗鴂雕卉，薏苡惑珠[6]者哉！”

⑥与“薏苡之谤”“薏苡明珠”意思相同，指的是同一个典故。这是一个“鱼目混珠”式的冤案，大意是东汉开国功臣马援由于喜食薏苡，所以从南方运了大如珍珠的优良薏苡食用，结果被个别人诬陷为私敛巨额珠宝。当然，黑的就是黑的，白的就是白的，最终真相还是大白于天下了。

扫描收听有声版

草

cǎo

草

小篆

隶书

楷书

行书

“草”这个字有两个来源：一个是这种字形本身；另一个是它上面的“艹”。

先说这种字形本身，它上面是“艹”，表示字的意思与草木有关；下面是“早”，表示整个字的读音；上下合在一起，最初指的是栎①树或柞②树的果实，也就是皂斗。这种意思后来用“皁③”或“皂”来表示了。

“皂斗”含有丰富的黑色素，是一种可以制作染料的原材料，因此，“皂”才具有了“黑色”的意思，例如“不分青红皂白”。此外，元代脱脱和阿鲁图等修编的《宋史》中，《苏轼传》有这样几句话：“知人之法，在于责实。使君相有知人之明，朝廷有责实之政，则

① 这个字读 lì，指的是一种落叶乔木，果实叫“橡子”或“橡斗”。

② 这是个多音字，读 zuò 的时候，是栎树的一种通称；读 zhà 的时候，专用于表示陕西境内汉水的一条支流“柞水”以及“柞水县”。

③ 这个字读 zào，是“皂”的异体字，现在已经停止使用了。

虫草花卉
清
马荃

胥史皂隶未尝无人，而况于学校贡举乎？”这是苏东坡进言朝廷以及君王和宰相，主张选拔人才要注重实际，其中“皂隶”指的是衙门里的差役。而“皂隶”之所以具有表示底层差役的意思，是因为这些差役必须身着统一制式的黑色制服。

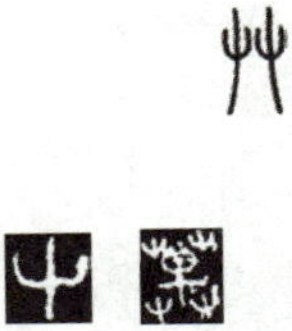

“草”的第二个来源其实是它上面的“艹”，原本是描摹草木形状的象形字，指的就是草本植物。这种意思后来用“草”取而代之了。

“草”最初是一种很宽泛的概念，其中也涵盖现在的农作物。因为当农耕文化尚处于孕育期的时候，一切可供食用的粮食类作物也都是野生状态。因此，“神农尝百草”才成为中华历史上极其重大的事件。

汉画像石 神农执耒

根据传说，神农氏是远古圣贤和部族首领，为解决黎民百姓的温饱与健康

采药图
南宋
佚名

草

问题，他遍尝百草，确定了可以通过人工种植为人们提供食粮的“五谷”；同时还辨别出数百种可以用来治病救人的中草药。而他自己却在试尝“断肠草”之后不幸离世。

汉画像石 炎帝升仙图

千百年来，有关神农氏的故事层出不穷，他既是中药学巨著《神农本草》的奠基者，也是充满未解之谜的“神农架”名称的源头。有人认为他就是初居姜水、并为炎黄始祖的炎帝，也有人说“神农氏”和“炎帝”并非同一人……总之，神农氏的传说与故事充满瑰丽的迷幻色彩，既令人神往，也引人探究，而且伴随着中华文明的世代传承，依然充满活力，并将不断持续。

再行一步

如果说“神农氏”与草结缘开启了农耕与中药文化的创世篇章，促进了中华物质文明史的极大发展。那么，“书圣”王羲[④]之和“草圣”张旭与“草”结缘，则谱写了中华书法艺术的华彩篇章，推动了中华文明的巨大进步。

草书是一种通过笔画简省、系连等方法形成的汉字手写体，是字形豪放、彰显个性的一种书法形式。一些代表人物的代表性作品具有很高的艺术水平和欣赏价值，例如王羲之的《初月帖》和唐代张旭的《古诗四帖》等。当然，“书圣”的真迹难觅，一些作品乃是后人摹写之作；而“草圣”的《古诗四帖》是否是其真迹，目前也有不同看法。

这就像“草书”的命名问题一样，目前也存在着一些不同说法，例如有些人说“草书”意味着“草率”之作。这种说法具有一定的合理成分，但是并不全面。因为要谈“草书”，大概要从“草次”谈起。

“草次”最初的意思与“造次”相同，指的是“仓促、仓卒、

④ 这个字的下边要注意，该部分由“我”和“兮”的笔画重叠构成，书写时不要弄错细节。

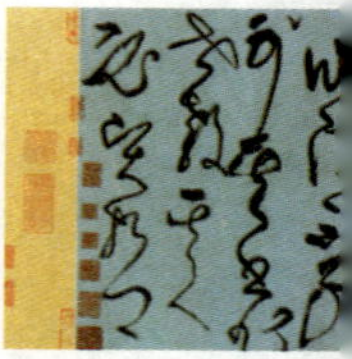

古诗四帖
唐
张旭

紧迫”等，例如西晋杜预在注释《春秋·隐公四年》中的“公及宋公遇于清”时，他说：“遇者，草次之期，二国各简其礼，若道路相逢遇也。”大致意思是“遇”指的是“不期而遇”，也就是未曾约定而邂逅，所以礼节方面也就从简了。唐代经学家孔颖达则进一步解释说：“草次，犹造次。造次、仓卒，皆迫促不暇之意。”

由此可见，“草”由“草次”一词引申，后来也隐含了“匆忙、急促”等意思，所以“草创、起草、草稿”等就都包含了这样的意味。当然，这些说法或许最初也蕴涵着自谦的成分。因此，“草书”或许解读成“急促书就”可能更符合这种书体的本源。因为，不论是最初的“隶草”“章草”，还是后来的“今草”“狂草”，应当都包含着一定的书写规矩，一定不会等同于“草率”之作。

如果有人以为“草书”就是任意妄为，恐怕民间有关宋朝时一位张姓宰相的传闻就是“榜样”。据说此公写字就是笔走龙蛇，任意而为，结果有一次他侄子临摹他刚写好的帖子，恰遇若干分辨不清的字，没想到请教他时，他自己都不清楚写的是什么字了。但是他却斥责侄子说：你为什么不早问，害得连我自己现在也记不得了！

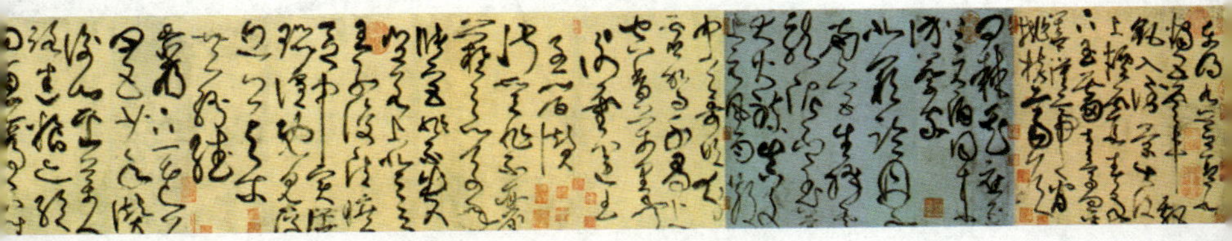

扫描收听有声版

叶

yè

葉

小篆

隶书

楷书

行书

看到“叶”这个字的时候，一般我们首先会想到深浅不一、形状各异的绿色叶片。但是，你知道吗，这个字在古代可有两种不同来源：一种就是现在这种字形本身；另一种是以前写作“葉”的那种字形。

先说这种字形本身。它的读音是xié，意思与“协[1]”相同。从字形上看，“叶”与“协”里面都含有“十”，表示“众、众多”。两个字都是通过众多事物和谐地聚在一处，表达“融洽、和睦”等意思，例如唐代白居易在所撰明远大师的塔碑铭及序中说：“师与徐州节度使王侍中有缘，遂合愿叶力再造寺宇”；再如柳宗元《为文武百官请复尊号表》：

① 这个字以前写作“協”，右边是三个“力”，含有“众多”的意思。

十万图册 万点青莲
清
任熊

茱

“今者君臣同德，上下叶心。”“叶力”和“叶心”都有同心协力的意思。

“葉”这种字形指的就是草木的叶片了。它由“艹”和“枼”构成，下面的“枼”读作 yè，既表示整个字的读音，同时由于它本身原指薄木片，所以和“艹”合在一起，就表示与草木有关的、薄薄成片状的叶片了。后来随着字形演变和整理，“葉”就写成了现在这种字形“叶”。例如《诗经·卫风·氓[②]》：“桑之未落，其叶沃若。”简简单单 8 个字，非常精练地刻画出了桑叶肥厚润泽、青翠欲滴的状态。

② 这是个多音字，在这里读 méng，指的是外乡人。

当然，与常绿植物相比，落叶植物的叶片终将飘落大地，然后化入泥土，再成为下一轮叶芽的养料。在短短几个月的生命历程中，大多数叶片都经历了由嫩绿的青春，到苍郁的“知天命[③]”，最后再到青中泛灰的暮年的过程。然而，

③ 按照《论语》“三十而立，四十而不惑，五十而知天命”的说法，“知天命”指的就是 50 岁，也就是“人到中年”的阶段。

五清图

清

恽寿平

鹡鸰荷叶图
南宋
佚名

也有一些叶片，它们称得上是技艺超群的调色大师，能够用不同深浅的绿、黄、红来装点自己的一生。例如宋朝词人晏[4]几道的《思远人》："红叶黄花秋意晚，千里念行客。飞云过尽，归鸿无信，何处寄书得。"

④ 这个字读yàn，本身意思是天气晴朗，此处用作姓氏。注意不能与"宴"的字形相混。

黄釉描金秋叶形笔掭
清

再行一步

自从"红叶"成为晚秋的一种标志物，它就每每同浪漫坚贞的爱情联系在一起，因为红叶逢霜遇寒之后，颜色更加鲜艳。因此，古往今来围绕它的故事也就格外吸引人的眼球。

例如根据唐代范摅[5]《云溪友议》等文献记载，唐宣宗时，诗人卢渥曾到长安赶考，一天他来到御沟旁，偶然看见一片上面题诗的红叶，于是便从水中捞起，收藏在随身的小箱子里。后来，他娶了一位被遣出宫的韩姓宫女。婚后的一天，已经成为卢夫人的韩姓女子见到箱中那片红叶，不禁又惊又喜地叹息道：当年我偶然题诗红叶之上，让它随流水而去，却未曾料到恰巧被我的夫君收藏。

这真算得上是一段"有缘人终成眷属"的佳话了。

"流水何太急，深宫尽日闲。殷勤谢红叶，好去到人间。"这便是那位韩姓女子所作的"题红叶"五言绝句了。诗中隐隐流露出对宫禁生活的倦怠并充满了对深宫外那一方天地的向往，没想到最后竟然梦想成真，昔日宫女终于成了与诗人琴瑟和鸣

⑤ 这个字读 shū，基本意思是"抒发、表达"，例如东汉班固《西都赋》："摅怀旧之蓄念，发思古之幽情。"

葉

红叶题情
明
唐寅

的红颜。

当然，有关这则故事的主角，历史上也颇多争议，例如有记载说这则逸闻与中唐诗人顾况有关，此公对诗人白居易据说还有识人之恩。另外，还有一些史料认为“红叶题诗”的故事与唐德宗时进士贾全虚，或者唐僖[6]宗时儒士于祐或进士李茵有关。

反正不论主角是哪位，自唐代之后，“题红叶”或“题红”便已成为吟咏情思、表达闺怨或良缘巧合的代名词。例如宋代词人范成大《南柯子·怅望梅花驿》中的“缄素双鱼远[7]，题红片叶秋”，表达的就是即使用书信或咏诗寄情，恐怕都难解有情人“一日不见如隔三秋”的相思之苦。

⑥ 这个字读 xī，意思是欢喜、快乐。这个字现在已经不常用了，在古代常常用作帝王的谥号，如周僖王、鲁僖公、晋僖公、齐僖公、唐僖宗等。

⑦ 源自“鱼传尺素”的传说，大意是写在绢上的书信藏在鱼肚子里传递。详见东汉蔡邕《饮马长城窟行》。

扫描收听有声版

树

shù

樹

“树”以前写作“樹”，左边的“木”表示这个字与树木有关；右边的“尌[1]”表示它的读音；左右合在一起表示种树，也表示树木本身。例如《孟子·梁惠王上》：“五亩之宅，树之以桑，五十者可以衣[2]帛矣。”意思是方圆五亩的宅院，如果种植桑树，那么通过养蚕纺丝，50岁以上的人就可以穿上丝绸衣服了。

然而，古代也有许多学者认为，“樹”这个字右边的“尌”不仅仅表示整个字的读音，它与字的意思也有关联。因为“尌”左边的“壴”读作 zhù，意思是把乐器竖着陈列起来。所以，它和“尌”右边表示手的“寸”合在一起，指的就是用手把乐器竖着陈列起来。

小篆

隶书

楷书

行书

① 这是个多音字，读 zhù，也读 shù，意思都一样。

② 在这里读 yì，意思是“穿”。

樹

花鸟立轴
明
吕纪

现在再回过头来看“树”的繁体字形“樹”，它最初的意思是种树，而种树的基本过程就是把树苗等竖立在某个地方。这种含义恰好与表示“竖着陈列乐器”的“尌”意义非常接近。由此可见，“尌”也蕴含着“树”所表示的意思。

树木是大自然的馈赠与风物，它保持水土并美化环境，而且还能给飞鸟等提供憩[③]息的家园，例如唐代诗人贾岛的名句“鸟宿池边树，僧敲月下门”。据传贾岛因为句中用“敲”还是用“推”委决不下，结果在骑驴思考过程中冲撞了当时的京兆尹韩愈大人的仪仗。当他向韩大人说明原委之后，没想到非但没有受到责罚，而且还得到了韩愈建议用“敲”的指点。后来这二人彼此倾慕、惺惺相惜，还和孟郊等唐代著名诗人一道推动了“柏梁体”的发展。

“柏梁体”又称“柏梁台体”或“柏

③ 这个字读 qì，意思是休息，例如陶渊明《归去来兮辞》：“策扶老以流憩”。

唐诗山水画册（之一）
明
盛茂烨

樹

梁台诗”，起初源自汉武帝与群臣在“柏梁台”联句赋诗而得名。这种诗体是多人联句的七言古诗，后来也发展出五言形式，每一句可以独立用韵，反映了古人以诗唱和④、会友的一种生活情趣。韩愈、贾岛都是此中高人，例如韩愈与孟郊的《城南联句》：“（孟）竹影金琐碎，（韩）泉音玉淙琤。（韩）琉璃剪木叶，（孟）翡翠开园英。”还有贾岛和李益、韦执中、诸葛觉等人的《天津桥南山中各题一句》：“（李）野坐分苔席，（韦）山行绕菊丛。（诸葛）云衣惹不破，（贾）秋色望来空。”

④ 这个字在这里读hè，意思是和谐地跟唱或依照别人诗词的题材和体裁作诗词。

大树风号图
明
项圣谟

再行一步

盛唐诗坛，名家辈出、佳作如林。我辈后生既仰视伫立于峰头的群贤，心生钦慕之情；亦遥看耸立在山顶的诗林，胸腹间流淌过诗意的清流。那些诗、那些人、那些已然成林的树木，无一不在华夏儿女们的心田深深扎根。

中国有句老话：十年树木，百年树人。很显然，一株树苗历经风雨长成有用之材，大约需要十几个年头；而培育对社会、对人类有用的人才，虽然与育苗成材道理相同、过程相似，但是所需时间却要成倍增加。

究其原因，树木生长大抵只是依靠空气、阳光、水土以至肥料等等客观的外部环境与条件；而如果把人培养成挺立于天地之间的社会栋梁，那么，就不仅仅需要榜样、教育、引导等等外部动因了，人自身的意愿、情感与理想等等，也都是影响成长过程与结果的必要条件与基础。

因此，育苗成材之难，难不在林木之苗，而是难在必须培育内外兼修的人才。而且，园艺一途，所谓种植其实只不过是

茂林秋树（局部）
清
石豀

树

开端，施肥浇水等等自不在话下，修剪枝条、防治病虫等必然也是常备功课。

另外，谈及与人相关的“树立”，除了“培育”这种内涵，类似“树标兵、树榜样”中的“树”，它们还有另外一层含义，而这层含义也同“树”最初的意思相关。例如《说文解字》对“壴”的解释是“陈乐立而上见[5]也”，意思是竖着陈列乐器，使其顶端显现出来。因此，顺着这个意思来看“树榜样”，其中的“树”实际上也包含着通过竖立而使其彰显的寓意。因为唯其如此，才能达到“榜样的力量是无穷的”这样的目标与效果。

⑤ 在这里读 xiàn，意思与“现”相同。

扫描收听有声版

木

mù

木

“木”的甲骨文字形是，最下面描摹的是树根，上面则是树干和树枝，最初的意思就是树木。例如《庄子·外篇·山木第二十》：“庄子行于山中，见大木，枝叶盛茂。”

实际上，世间树木何止千万，有的直立挺拔，有的盘曲宛转；有的树冠如盖，撑起一方绿荫；有的接地丛生，“砌”出道道绿墙。因此，“木”这个字只是抓住了树木有树根、树干和树枝的最普遍特征。

既然树木高矮不一、形态各异，成材之后的用途与功能自然也不可能一概而论。桢楠足以成为栋梁，石楠适合制成烟斗，这原本是再正常不过的一种现

小篆

隶书

楷书

行书

山水花鸟图册之古木寒鸦
清
恽寿平

木

象。但令人奇怪的是，从古至今却一直存在这样一种偏见，认为只有那些能成为栋梁的材料才是好材料。这种偏见也直接导致了许多人的教育理念与育人目标都出现了培养“仪仗队”的倾向。

难怪连白居易也在《三谣·蟠木谣》中颇为自嘲地吟道：“蟠木蟠木，有似我身；不中乎器，无用于人。下拥肿而上辚菌[1]，桷[2]不桷兮轮不轮。天子建明堂兮既非梁栋，诸侯斫[3]大辂[4]兮材又不中。”诗人略带戏谑地把弯曲的木料比作自己，说它下盘臃肿、上段佝偻，方不方、圆不圆，所以既成不了皇家殿宇的大梁，也做不了诸侯乘辇的横木。但是，对于这样的材料，诗人倒是独具慧眼、物尽其用，所以他“唯我病夫，或有所用。用尔为几，承吾臂支吾颐而已矣。不伤尔性，不枉尔理。”

或许，能够成为诗人放胳膊托下巴

①本来作“辚輑”（yǐn），也作“辚囷”，意思是弯曲下垂的样子。

②这个字读 jué，指的是方形的椽子。

③这个字读 zhuó，意思是用斧头一类工具砍削。

④这个字读 lù，指的是绑在车辕上用来牵引车子的横木。

丛篁古木图
元
倪瓒

黄杨木雕东山报捷图笔筒
清

的小矮几，这已经是弯木头最好的归宿了。不过，如果换个角度看问题，其实任何事物都有其独特的禀赋与特性，所以也都有适合展示自我的契机与场合，因此，老子在《道德经》第二十七章里才会说：“圣人常善救人，故无弃人；常善救物，故无弃物。”

显然，尊重每一个生命，善待每一个生命，激发每一个生命体内部潜藏的独特能量，这是古代圣贤应付裕如的事情。那么，到了提倡价值观多元化的当今时代，我们更没有任何理由忘却和丢弃祖先的智慧与经验。

更何况，在世人眼里弯弯曲曲的“蟠木”，其实它还有另外一种身份，它就是等同于“扶桑”的东方神树，是太阳每日栖息的港湾。

再行一步

《后汉书》等多部历史文献在提到远古五帝之一的颛顼[⑤]时，大都说他的足迹“西蹈流沙，东极蟠木”，这里的“蟠木”指的便是大地最东边的神树了。

而且按照我国古代阴阳五行学说，“木”本来就与东方匹配，例如《说文解字》说“木”是“冒地而生，东方之行”。还有唐代贾公彦在为东汉郑玄《周礼注》作疏时也说：“东方木色青，南方火色赤”等。此外非常巧合的是，“东”这个字本身也与“木”相关。

“东”的甲骨文字形是，表示太阳的位置在树木的树干部分。我们聪明的祖先用这种方式巧妙地表示了日出东方，因此“东”就有了东方的意思。而且这种通过太阳与树身相对位置关系表达语义的方法，在汉字里面也不仅限于“东”，其他如“杲”“杳”等，也都是通过太阳与树木的相对位置来造字。

“杲”字上面是“日”，下面是“木”，表示太阳在树木之上。这种情景显然与“日上三竿”大体相同，意味着清晨已过，阳光

⑤ 根据传说，他是黄帝的嫡孙。他的名字读 Zhuānxū。

木鸟图
明
林良

普照，所以“杲”的基本意思就是明亮。例如《文心雕龙·物色》：“灼灼状桃花之鲜，依依尽杨柳之貌，杲杲为出日之容”。虽然刘勰讨论的是作文之道，但是如果把这几句话串联、想象成春日里的具体情景，就是：桃花妩媚、柳条柔婉，温暖的太阳洒下万缕金光……这也不失为严冬季节里的一丝慰藉⑥与希望吧。

“杳”与“杲”恰好相反，表示太阳完全隐在树木之下，已然落山，意思是昏暗不明亮。例如西汉刘向追思屈原的《九叹·远逝》：“日杳杳以西颓兮，路长远而窘迫。”

太阳西沉，天色向晚，光线暗淡的环境往往造成一切事物都不明朗，仿佛消失不见了一般，因此后来才会出现“杳无音讯、杳如黄鹤”等等说法。例如蔡东藩《宋史演义》：“哪知蒲阿已杳如黄鹤，不知去向。”

⑥ 这是个多音字，读 jiè 的时候，表示“衬垫、抚慰”等意思；读 jí 的时候，表示“杂乱、践踏”等意思，如“杯盘狼藉”等。

扫描收听有声版

禾

hé

“禾”的甲骨文字形是，以“木”为基干，最上边像谷穗一类籽实下垂的样子。它最初的意思就是指谷物类农作物。

《说文解字》对“禾”的解释是“嘉谷也”，而且说它“二月始生，八月而孰[1]。得时之中，故谓之禾”。大体意思是“禾”是一种很好的谷物，它早春二月发芽，仲秋八月成熟，生长成熟期大约半年，而对于一年12个月这样的时间周期来说，6个月恰好居中，故此有“中和”的意味，所以也就被赋予了“和”这种读音。

另外，“和熟”这种说法其实指的就是凭着风调雨顺、四时相若，庄稼长势喜人，金秋时节一派五谷丰登的美景。例如《左传·昭公元年》：“国无道而

小篆

隶书

楷书

行书

① “孰”的小篆字形由“享、羊、丮（jǐ，意思是用手持、拿）”三个部分构成，表示用手拿着熟的食物享用，最初意思就是“熟”，后来也表示庄稼成熟。

禾

安居图
清
汪承霈

年谷和熟，天赞之也。”意思是说国家昏暗无道的时候，如果还能有丰收年景，那就是上天在佑助了。

粮食乃是人类生存的根本，也是劳动者辛勤付出的收获。“锄禾日当午，汗滴禾下土”，这是千百万农人侍弄庄稼的真实写照。正是得益于他们的不辞劳苦，我们才会看到麦浪滚滚，嗅到稻谷飘香。因此，以庄稼为“嘉”，这是再自然不过的事。然而，认为“禾”足以当得起一个“嘉”字，古人还有另外一种说法。

孔夫子曾言：“狐向丘②而死。我其首禾乎。”这句话提到了思念故乡的狐狸，离开尘世时要向着故乡的方向倒下的典故。那么“首禾”又有什么寓意呢？原来，谷穗下垂这种现象被古人认为是谷穗在向农作物的根致敬，意味着“禾”这种农作物不忘本的品性，所以就被赋予了

② “丘”具有“家园”的意思，例如《梁书》：“暂别丘园十有四载，人世艰阻，亦何可言”。

嘉禾草虫图
南宋
吴炳

粉彩市侩农耕图壶
清

“嘉美”之意。而与此形成鲜明对照的是，一致认为对农作物极具危害作用的“莠[3]”。它表面上与“禾”形貌极其相似，几可乱真，但是抽穗之后却是原形毕露，秀出来的穗竖直向上，一副趾高气扬的模样。

③ 这个字读 yǒu，声调是第三声，不能读成第四声，更不能读成“秀”。

山花墨兔图
北宋
佚名

再行一步

与杂草“莠”绝然不同，一直受到人们称颂、赞美的嘉“禾”，绝大多数情况下都含有褒扬的意味。

当然，世间万物异态纷呈，任何事物不论其自身性质，还是与其他事物的彼此关联，总不可能无条件地论定好与不好，言说适宜与不适宜。就说“禾”吧，它很可能也会出现生长状况不理想的情形，或者是生长在某些并不适宜的场合。

例如杜甫《秋雨叹三首》（其二）：“禾头生耳黍穗黑，农夫田妇无消息。”“禾头生耳”指的是不合时宜的雨水致使谷物顶端又生芽，意味着庄稼报销，没有收成。这种情形已经成为灾年的一种征兆，是任何人都不愿意看到的。

再如清代文学家吴趼人的小说《痛史》第十七回：“只觉得景物都非，不胜禾黍故宫之感。”这里的“故宫”不是指北京或台北的故宫博物院，而是指“旧时的宫室殿堂”。句子描述的是曾经画栋雕梁、气势恢宏的宫殿变成了长满禾黍的农田，意指故国一片破败，或者是往日胜景不再。南朝宋孝武帝刘骏所作《登作乐山》中描写道“壤草凌故国，拱木秀颓垣④”，我们眼前出现的是杂草丛生，已然凌驾于故土之上；梁木倒塌，竟然在断墙上长出了新枝等等景象。这种景况大概是任何人都不忍卒睹的。

茅屋柳色
清
黄易

④ 这个字读 yuán，意思是矮墙，也泛指墙。

扫描收听有声版

本

běn

本

“本”这个字的主体是“木”，表明这个字最初的意思一定与树木有关。但是对于“木”之外的部分，则存在着两种不同意见。

许慎在《说文解字》中的考释结论是：除了“木”，剩下的部分是一个短横形状的指示性符号“一”。因此，他解释说：“木下曰本。从木，一在其下。”而且他的这种意见得到了五代十国时期南唐著名文字训诂学家徐锴[1]的支持。徐锴与其兄徐铉均为文字训诂领域的巨擘，二人最大的成就都是校释《说文解字》，世称“大徐”“小徐”。徐锴在《说文解字》“本”字下进一步解释说：“一，记其处也。”显然，许、徐二位均认为“本”属于“六

小篆

隶书

楷书

行书

① 这个字读 kǎi，指的是铁或质量较好的铁。

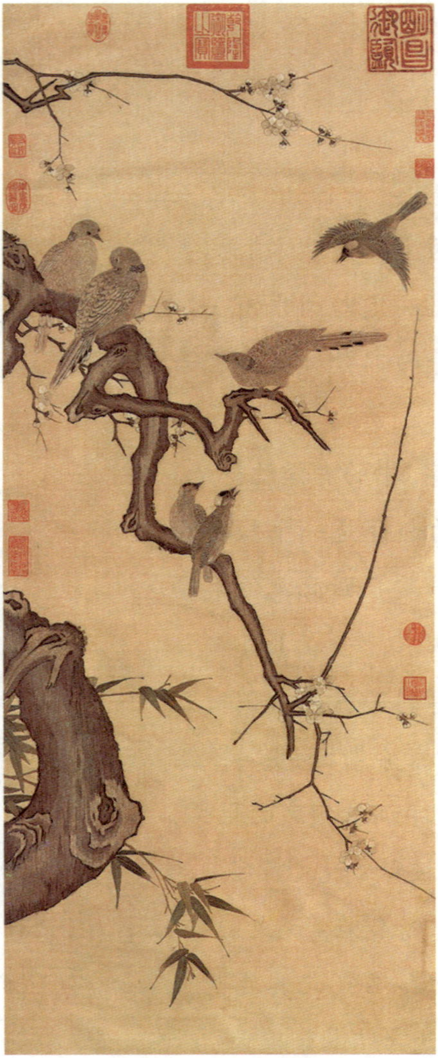

本

缂丝梅鹊图轴
南宋
沈子蕃

书[2]”中的“指事[3]”字，短横“一”是一个标示性符号，标明树木的根部。因此，“本”最初的意思就是树木的根部。

但是，清代大儒、同样以校释《说文解字》闻名的段玉裁却有不同看法，他认为“本”字由“木”和“丅”构成。后面这个符号是“上下”的“下”的古文字形。他说：“木下曰本。从木。从丅”，“本末皆于形得义。其形一从木上。一从木丅。而意即在是。”可见，按照他的意见，“本”的字形是由“木”和“下”两个字构成，合在一起表示树木的根部，属于用“会意[4]”法创造出来的字。

总之，不论哪位大师的意见，他们的结论殊途同归，都认为“本”最初的意思是树木的根部，例如《国语·晋语一》：“伐木不自其本，必复生”。

后来，由表示树木根部再延伸，“本”就有了“根源、根基”等含义。例如《论

② 古汉字的造字方式包括象形、指事、会意、形声、假借和转注等六种，所以称为“六书”。其实在这六种里面，象形、指事、会意和形声等四种是造字方法，而假借和转注严格说来应当属于“用字法”，因为它们本身并不是创造新字形的方法。

③ 古汉字的一种造字方法，具体含义是通过形象符号与抽象符号的组合来表示某种含义，抽象符号一般只起标示性作用。例如“刃”的古文字形就是由描摹刀的象形符号和标示性符号“、”构成，合在一起表示刀刃。

④ 古汉字的一种造字方法，具体含义是通过两个符号的组合来表示与两个符号都有关联的某种合成意义。例如“明”由“日”和“月”构成，一个发光体，一个反光体，合在一起表示“明亮”的意思。

归樵图（局部）
清
朱本

语·学而》："君子务本，本立而道生。"意思是说君子做事重在根基，根基牢固了，做事的原则和可遵循的规矩自然也就产生了。再有韩愈《原毁》："为是者，有本有原，怠与忌之谓也。"大致意思是这样做事的人，必然有其根源，那就是懈怠与嫉妒在作怪了。

四时花鸟册（之一）
明
陈洪绶

再行一步

由于“本”有“根基”的含义，而任何根基都是可以当作依凭的东西，所以“底本”的一种意思就是校勘文稿时可以当作依据的那种文本，例如文天祥《指南录》中的“今存其本不忍废”。

也正是由于这种含义，所以后来“本”也就产生了“文本、版本”等意思，像“脚本、稿本、校本”以至“剧本、话本、宋本”等均是由此而来。其中，“脚本”其实也隐含着可以当作依据的意思。

那么，对于一个人而言，他能够理直气壮地当作依凭的东西，实际上莫过于实实在在的自身经历，其他如家世背景、虚名头衔等等，都不过是过眼浮云。因此，任何时代、任何社会都比较看重个人履历。而在古代，类似个人履历的自述文件恰巧称作与“脚本”相似的“脚色[5]”或“脚色状”。

根据史学巨著《资治通鉴》记载，隋文帝时“制百官不得计考增级，必有德行、功能灼然显著者进擢[6]之。……虽七人同

⑤ 表示演员扮演的影视剧中人物或社会生活中的某一类人这样的意思时，现在要使用“角色”。而且其中的“角”要读成 jué。

⑥ 这个字读 zhuó，意思是拔和提拔。

在坐，然与夺之笔，虞世基独专之，受纳贿赂，多者超越等伦，无者注色而已。”这段话的大致意思是隋文帝提拔官员不看资历，而是注重德行和业绩，但是，他虽然建立了由相关部门七位官员组成考核班子集体进行考查的制度，然而其中只有内史侍郎虞世基大权独揽。令人啼笑皆非的是此人乃巨贪一枚，他只看谁奉送的贿赂多就提拔谁，而不送财物的就在相关文件上用颜色标注一下，表示不必提拔。这便是“脚色”一说的由来，意思是用颜色在页面底端做了标注，也就是脚注。

到了宋代的时候，“脚色”开始普遍流行开来，当时也称“脚色状”。任何人想要考取功名、走入仕途，都必须准备这种自传式的文书，内容包括籍贯、年龄、出身、履历、家庭成员、社会关系，甚至政治倾向等等。

另外，按照清代钱泳《履园丛话》和梁绍壬《两般秋雨庵随笔》等文献的说法，宋代的“脚色状”相当于清代所说的“根脚”。因此，我们也有理由推测“脚色”的“脚”或许并不仅仅表示“页面底端”的意思，它也许和“本”“根”一样也隐含着“可以依凭”的意思。

扫描收听有声版

末

mò

来

“末”这个字的金文字形是。这个字与“本”非常相似，彼此间的差别就在短横“一”的位置。“末”字里面的短横标在枝干的顶端，所以它的意思是枝干的末梢。例如《孟子·告子下》：“不揣其本，而齐其末，方寸之木可使高于岑[①]楼。”意思是如果不考虑树根到树梢的距离，仅仅以枝干末梢为基点和起点，那么，原本一寸高的木头放在树梢确实也可能高过楼阁。

这段寓意深刻、蕴含丰富哲理的话，是孟子教育学生如何正确比较事物之间的高下。在他看来，比较任何事物都必须确定共同的基点，如果不管基点是否一致，只看表面形式，所得出的结论必

小篆

隶书

楷书

行书

① 这个字读 cén，意思是小而高的山。它也是一个姓氏。

楼阁图
北宋
夏明远

古木寒泉图
明
文徵明

然存在偏差，因此也是没有任何意义的。

当然，按照段玉裁《说文解字注》的解释，他认为“末”是由“木”和表示“上边”的“上”构成，原本也意味着树枝的末端。

和“末”同样具有枝干末端含义的还有“梢、杪”等字。“梢”我们经常见到、也经常使用，例如欧阳修的《生查[2]子·元夕》：“月到柳梢头，人约黄昏后。”相比之下，“杪”现在已经不太常用了，只是在古代一些典籍中我们还能看到它的身影，例如唐代诗人王维《送梓州李使君》：“山中一夜雨，树杪百重泉。”

由于表示枝干的末端，所以“末、梢、杪”后来也有了表示一般事物结尾处乃至时间终了之处的含义，例如杜甫《天末怀李白》：“凉风起天末，君子意如何”；还有宋代词人曹组《艮[3]岳赋》：“俯

② 这是个多音字，表示姓氏等意义的时候，读 zhā。在词牌名“生查子”中也是这个读音。另外，“生查子”中的“子”是第三声，不适合读成轻声。

③ 这个字读 gèn，意思是“停止、坚硬”等。它也是八卦之一。

送

浔阳饯别图

明

丁云鹏

幽居乐事图（局部）
明
陆治

以爱苍苔之承步，仰以见云梢之蔽日。”苍天之尽头，浮云之梢尾，文人眼里的世界就是这么精彩。

而“岁杪”这样的说法仿佛又让我们在喜迎新岁之时，不禁对过往时日生出一种淡淡的眷恋，例如唐代诗人许浑在《岁暮自广江至新兴往复中题峡山寺四首》（其二）中写道：“中台一襟泪，岁杪别良朋。”挚友暂别，又恰逢岁末，一掬清泪是为挥手作别的岁月，还是为依依不舍的良友，恐怕谁都难以分得清楚吧。

再行一步

岁尾年末，时令交接处，总会让人无端生出某些莫可名状的情绪。而某些与“末”相关的说法，表露的则是说话人的态度或观念。例如《陈书·沈不害传》：“臣末学小生，词无足筭[④]，轻献瞽[⑤]言”。一番话完全是臣子向君主进言时，伏下身子，谦而又谦的一套说辞。

而在戎马倥偬的军旅圈子，战场上无疑都是豪气冲天的铁血硬汉，但是平日与人交往时，放低身段竟然也是不可或缺的一种修养和规矩。例如明代罗懋登《三宝太监西洋记》：“末将不才，愿领天兵，先取金莲宝象国”。

“末学”也好，“末将”也罢，反映的其实都是一种自谦的姿态，目的是通过放下身段、仰视他人，体现对他人的尊重。这些说法不仅仅用来表明上下、尊卑关系，它们完全也可以用在实际地位相当的人和人之间。其他如“后学、晚学”以及女婿对岳丈一方亲属自称时用的“姻末”等等，其作用也都大体相同。

④ 这个字读 nòng，指的是用竹子或木棍儿做的、用来计数的算筹。后来它也有了“数量”的含义。

⑤ 这个字读 gǔ，意思是失明，也指盲人。“瞽言”是一种谦辞，大致意思相当于“瞎说”。

蟹鱼图
明
徐渭

不过，从古至今，中国人自谦一事，有时的确也出现过一些很有趣的小插曲。例如司马迁在《报任安书》中曾经自称为“太史公牛马走”，意思是说自己不过是供父亲司马谈驱使的牛和马。

而更令人忍俊不禁的是，两位一生清高自傲的画坛大师郑板桥和齐白石，居然曾经都有用“走狗”称呼自己的历史。原来他们二位都非常钦慕明朝时一位学养精深、才华横溢的画家和文人徐渭，由于徐渭又号“青藤道士”，于是据说郑板桥就在一方印上赫然刻下了“青藤门下走狗”这几个字。而齐白石竟曾经作诗云：“青藤雪个远凡胎，缶老衰年别有才。我欲九泉为走狗，三家门下转轮来。”诗里面除了提到徐渭这位前辈，还出现了别号“雪个”的清初画家朱耷和别号“缶庐”的近代画家吴昌硕。看起来白石老先生是决意要在百年之后化作犬只，轮流在这三位门下效犬马之劳了。

扫描收听有声版

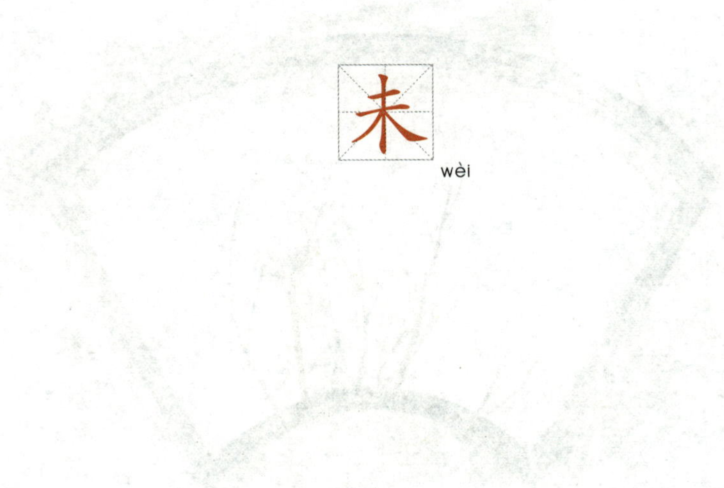

未

wèi

木

“未”这个字的甲骨文字形是，描摹的是树木的一般情况，其重点是上半部分重重叠叠的枝杈。这也是它区别于“末”的最显著特征。

对于这个字最初的意思，从古至今一直存在着若干种说法。

依照《说文解字》等文献的解释，它最初表示树木长成而有滋味，例如《说文解字》的解释是：“味也。六月，滋味也。”而《说文解字注》则进一步解释说：“未者，言万物皆成。有滋味也。”

顺着这种思路，如果从最初意义往后延伸，“未”之所以后来能够表示“将来；还没有”等等意思，最可能的情况应该是：当确定“未”表示“万物皆成，

小篆

隶书

楷书

行书

春山伴侣图
明
唐寅

有滋味”这样的意思时，其实是一种展望，也就是在推断未然的情况，即万物皆成而“即将有滋味”。因此，“未”才隐含了“将来；尚未”这样的寓意。例如唐代诗人杜牧《赤壁》：“折戟沉沙铁未销，自将磨洗认前朝。”

而根据另一种观点，其核心是说树木长成的标志是枝叶重生，就像《说文解字》和《说文解字注》提到的：“五行木老于未。象木重枝叶也。老则枝叶重叠”。也就是说树木到了一个年轮中的暮年才是枝叶最茂盛的时候。而到了这个时候，枝干和绿叶的荫蔽作用往往也达到了高峰，所以《淮南子》《汉书·律历志》《释名》等文献才有“未，昧也。昧薆[1]于未”这样的论述。

如此看来，“昧”或者“昧薆”都隐含着“昏暗”的意思。而一天之中的黄昏恰好正是昏暗时分，而“昧”本身

①这个字读 ài，意思是“草木茂盛、隐蔽”等。

秋景图

明

项圣谟

的确也代表着太阳落山之处的“昧谷”。在一天之中，傍晚总是意味着时间靠后。既然表示时序靠后，那么，“未”显然隐含了“将来；还没到”等等意思，这样的意思或许正是“未”表示“将来、尚未”这些意义的基础。

因此，无论哪种意见，“未”能够表示“将来、尚未”等意思，看起来都不是无源之水、无本之木。

粉彩描金开光花鸟纹三管扁瓶
清

再行一步

如果“未”的确跟“昏昧”有关，继而又与“黄昏”有牵连，那么我们身边的某个亲属可能也要牵扯其中了。

这个亲属就是那个像洋娃娃一般，永远跟在哥哥姐姐身后需要他们照顾和疼爱，但是时常也会向爸爸妈妈打小报告的小妹妹。

“妹”这个字右边的“未”显然表示了整个字的读音。而与此同时，由于它还隐含“昧”的“昏暗不明”意思，意味着“晚”或者“时间靠后”。那么，就兄弟姐妹的长幼顺序而言，称作“小妹”的同胞肯定是晚于哥哥姐姐出生的，她们对于任何一个其乐融融的大家庭来说，都属于千呼万唤的姗姗来迟者。

当然，古往今来一直存在着的“表妹”现象，这种说法与“未”的“昏暗不清”含义是不期然而巧合了呢，还是真实地表示相关男士女士在五百年前的确同属一家人？答案或许也并不那么重要。

与“妹”可能源自“昏暗”这种情况相映成趣的是，表示

仕女图册（局部）
清
焦秉贞

年长的“姊”恰好与“光亮、明亮”有着某些渊源。

“姊”在古代还有另外一种字形“姉[2]”。东汉训诂学大师刘熙在《释名》中对这个字的解释很有意思。他认为“姉”就是“积”，相当于太阳升起之后，随着时间的积累而越来越明亮。如果按照这种意见仔细品味“姊”，作为兄弟姐妹中相对年长的女性，“姊”刚好也意味着出生之后，在时间上比年幼的弟妹积累得更多。

明末清初著名学者屈大均在《广东新语·舟语·蛋家艇》中也有一段关于“姊妹”的精当阐释：“其女大者曰鱼姊，小曰蚬[3]妹。鱼大而蚬小，故姊曰鱼，而妹曰蚬云。”

已然如夏花般明艳照人的姊姊，携手蹒跚而来的小妹，这是多么令人温暖、让人羡慕的“姊妹花”。静下心来听一听，“吾家有女”正丝竹琴韵，温婉而悠长。

② 这个字也读 zǐ。

③ 这个字读 xiǎn，指的是一种有硬壳的软体水生动物，属于小蛤一类。

扫描收听有声版

芝

zhī

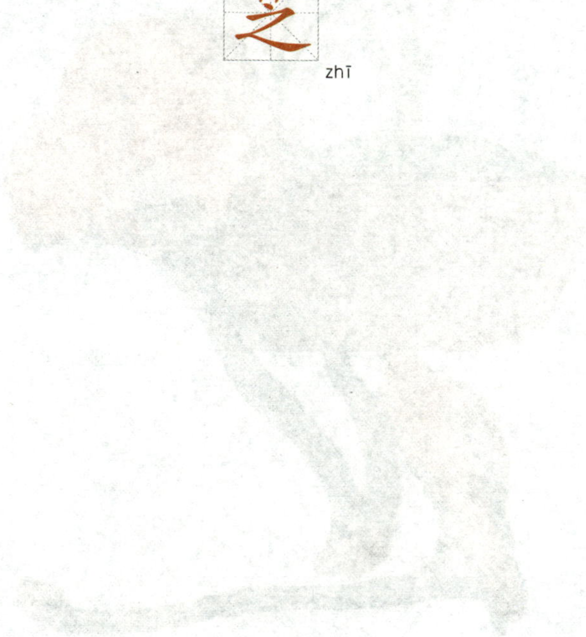

“芝”这个字上边的“艹”表示它的意思与花草有关，下边的“之”表示它的读音。这个字最初指的是一种真菌类植物——灵芝。由于灵芝对人体具有独特的补益作用，所以《说文解字》说它是“神草”。例如王充《论衡》：“芝草延年，仙者所食”。

另外，按照许慎的说法，“芝”是“从艹从之”，也就是说“芝”的意思与“艹”和“之”都有关系。这是因为，“之”原本就有“草木妄生”的意思。当然，这里的“妄”不适合解读成“虚妄、诞妄、胡乱”等意思，理解成“天然”或“自然”大概更接近“妄生”的原意。

“芝”在中国传统文化中除了是仙

小篆

隶书

楷书

行书

青花灵芝纹碗
明

瑶圃采芝图

清

金廷标

扇面 灵芝
明
沈周

草，还是独具高雅清香的芬芳之草，例如《西游记》：“藤薜[1]挂悬三五树，芝兰香散万千花”；还有唐代诗人卢纶[2]《书情上大尹十兄》：“芳室芝兰茂，春蹊[3]桃李开。”可见，芝草的清香既能够笼罩万紫千红，也可以萦绕斗室厅堂，使我们的周遭充盈着醉人的馨香。

另外，凡间芝草，其实还是一个成员颇多的大家族，有些支脉上的嫡亲是可以治病救人的良药。比如维吾尔族就把“雪芝”作为一种极为珍贵的药物，运用到肿瘤、肝硬化、尿毒症等疑难病的治疗上。

“雪芝”属于一种蕈类植物，主要生

① 这个字读 bì，又名“薜荔”“木莲”等，是一种常绿藤本灌木。例如屈原《楚辞·离骚》中的“贯薜荔之落蕊”。

② 这是个多音字，读 lún 的时候，表示用青丝编成的绶带，古代多用来系官印等；读 guān 的时候，指的是用青丝带做成的官帽，例如苏轼《念奴娇·赤壁怀古》：“羽扇纶巾，谈笑间，樯橹灰飞烟灭。”人名中的读音要遵循名从主人原则。“卢纶”的名字一般读第一种音。

③ 这是个多音字，读 xī 的时候，指的是小路，也指一般的道路，例如“桃李不言，下自成蹊”；读 qī 的时候，用于“蹊跷”，意思是奇怪或可疑。

嵩献英芝图
清
郎世宁

长在天山山脉伊犁段海拔2800米至3200米之间的雪线上，生长区域大约两百平方千米，每年采摘时间为9月至10月。

这种现实世界中的“活命之草”，古人认为是餐葩饮露的神仙们的专属，例如唐代王勃《九成宫东台山池赋》：“雪芝献液，露菊倾津”；以及宋代方岳《山墅》：“杯隽明冰片，崖寒孕雪芝”。看起来，这仙界神草与人世间的“活命草”倒颇有几分相似，都是冰天雪地孕育和生长出来的尤物。

由于稀缺和品质卓越，于是“芝”后来也可以表示“品行优异”和“优异的人才”，从植物拓展、推及人类了。

芝兰图（局部）
清
罗聘

翡翠灵芝式如意
清

再行一步

《孔子家语》中就有："芝兰生于深林，不以无人而不芳。君子修道立德，不为穷困而败节。"在孔夫子看来，所谓君子，绝不会因为生活窘迫而改变自己的节操。

其实，就上面的表述而言，与芝兰在寂寥环境中仍然散发芳香这种品格更加接近的君子美德应该是"慎独"，也就是没有任何人在场的情况下，真正的君子，其言行仍然是自律的，是符合礼制法度的。

另外，与"芝草"有关的论述，《孔子家语》中还有："与善人居，如入芝兰之室，久而不闻其香，即与之化矣；与不善人居，如入鲍鱼之肆，久而不闻其臭，亦与之化矣。"

这一段话，后人引用时常常丢掉"与之化矣"的内容。因此，摘录出来的部分往往使人产生"近朱者赤，近墨者黑"或者"习以为常、司空见惯"等等印象和理解。而"与之化矣"的说法其实正是这段论述的核心和主旨，其深层含义是"物以类聚，人以群分"。所以，孔夫子在这段话前后所表达的中心意思都

芝

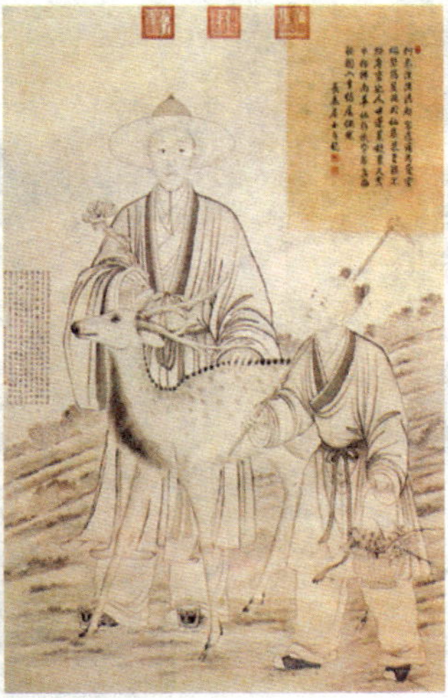

弘历采芝图
清
郎世宁

是从一个人周围的人就可以看出这个人的品质、修养与意趣等。所谓“化”指的就是融合在一起，变成具有某种共同特征的事物。

芝草既然可以代表君子，代表品行的美好，那么，“芝”用于和人相关的一些词语时，必然也是对人的褒奖。例如“芝宇”就是对俊美容貌的一种说法，像清代夏敬渠《野叟曝[4]言》“文老先生芝宇，晚生在午门前已经饱看”。其中，“宇”原本指屋檐，后来由于人的眉骨略有突起，状似屋檐，“眉宇”就有了表示人的脑门的意思。正是由于这个原因，所以后来还出现了“芝宇、器宇轩昂”等等夸赞人的说法。

④ 这是个多音字，读 pù 的时候，表示“在阳光下晒”等意思；读 bào 的时候，用于“曝光”。在这里是前一种读音和意思。

扫描收听有声版

松

sōng

松

“松”这个字有两个来源：一个是这种字形本身；另一个是以前写作“鬆”的那种字形。

“鬆”由表示毛发下垂样子的“髟①”和“松”构成，下面的“松”表示整个字的读音，和上面合在一起表示毛发纷乱的样子。后来它也可以指一切蓬松或者松弛的状态。

“松”左边的“木”表示整个字的意思与树木有关；右边的“公”既表示整个字的读音，同时也与字义有关。

“公”的甲骨文字形是，上边是“八”，下边是“厶”，最初的意思是平均分配、公正无私。这个字的字形充分反映了古人造字的智慧。因为，“八”

小篆

隶书

楷书

行书

① 这个字读 biāo。

万壑松风图
南宋
李唐

松

最初的意思是分开、背离等；“厶”则是“私”最初的字形；上下两部分合在一起，意思就是背离私心和自私。这显然就是“公”最基本的含义了。后来，由于所谓公平公正又都是针对大众而言，所以“公”也就产生了“公众的、大家的”这样的意思，例如“公款、公共事务”等。再往后，管辖、处理公众事务的人也就逐渐可以称为“公”了，如“公卿”等。而管理公众事务的人，从某种意义上说也可以认为是率领众人的人。

在古代，松树被认为是“百木之长②”，所以它的右边就包含了表示“众人之长”的“公”。这种树四季常青，是一种针叶常绿乔木。

② 在这里读 zhǎng。

松、竹、梅是闻名遐迩的“岁寒三友”，正如陈毅元帅所说“大雪压青松，青松挺且直”，漫天飞雪、刺骨寒风中方显英雄本色，因此，历朝历代都不乏吟咏

松下高士图
清
华嵒

松树的诗词佳作。例如陶渊明《饮酒》(其四)："劲[3]风无荣木，此荫[4]独不衰"；再如清代陆惠心《咏松》："迎寒冒暑立山冈，四季葱茏傲碧苍。"

作为全球闻名的世界地质公园、世界文化与自然双重遗产的黄山，素有"黄山归来不看岳"的美名，其标志性景观便是傲然耸立峭壁的"迎客松"。

③ 这是个多音字，读 jìn 的时候，表示"力气、效力、精神、态度"等；读 jìng 的时候，意思是"力量大、坚强有力"。在这里是后一种读音和意思。

④ 这个字读 yìn，意思是"遮蔽；阴凉潮湿"以及"封建时代官宦人家祖先对后代的庇护"等。

松

岁寒三友图
南宋
赵孟坚

再行一步

黄山“迎客松”的挺拔、奇峻令人过目难忘，遍及祖国大江南北的雪松也以其独特的身姿成为园林、庭院的常客。

然而，大自然的鬼斧神工中，也不乏仪态天然、相貌平平的泛泛之辈。它们由于毫无出众的姿色，往往难入世人挑剔的眼光，有的还会成为被嗤笑的对象。

这让我们不禁想起了白居易那首充满意趣的《庭松》：“堂下何所有，十松当我阶。乱立无行次，高下亦不齐。……有如野生物，不知何人栽。……四时各有趣，万木非其侪⑤。……一家二十口，移转就松来。移来有何得，但得烦襟开。”显然，在诗人眼中，天然无雕饰亦是一种可以怡情的美丽。可是在当时，取笑诗人缺乏审美情趣的也大有人在。

在那些人看来，花钱置办一份基业要的就是精致，甚至还要考虑是否具有升值空间等等。但是，他们没有想到的是，审美本身就应当是一种多元化的价值取向，如果一个社会只有一种审美模式和倾向，那么，“街上流行红裙子”的现象就会卷

⑤ 这个字读 chái，意思是“同辈”或“同类的人”。

四松图册
明
沈周

土重来，单调的色彩与款式就会导致大众产生审美疲劳。

另一方面，太过强调对自然物的人工斧凿[6]和整齐划一，很可能也会让我们不得不面对千百个建设中的城市分不清你我，千百条走出美容店的宠物狗模样都像一奶同胞的局面。这类抹杀个性、从众求同的心态与做法实在是一种趋向狭隘的意识在作怪，与当今社会多元化、多极化的理念显得有些格格不入了。

⑥ 这个字以前有 zuò 这种读音，现在统一读 zćo。

扫描收听有声版

竹

zhú

竹

竹

小篆

竹

隶书

竹

楷书

竹

行书

“竹”的金文字形为，非常简洁、直观地描摹出了竹子的形状。《说文解字》对它的解释是“冬生草”。

竹在中国传统文化中的地位无需赘言，苏东坡已经十分精妙地总结过：“可使食无肉，不可居无竹。无肉令人瘦，无竹令人俗。人瘦尚可肥，士俗不可医。”看上去东坡先生是宁可粗茶淡饭，也要与翠竹为伴。不过，这也让我辈俗人颇为好奇杭帮名菜“东坡肉”的来历了。或许这就是已经达到酒肉穿肠过、翠竹心中驻那种境界的一种标志。

形态各异的竹子能使人格调高雅的原因是多方面的。这种植物四海为家、南北咸宜；生命力旺盛、四季常绿。丛

竹林七贤笔筒
明

花果蔬菜册六开
清
恽寿平

生的翠竹是美化园林、庭院等不可多得的良材，诗书画俱佳的郑板桥就曾言：“江馆清秋，晨起看竹，烟光日影露气皆浮动于疏枝密叶之间，胸中勃勃，遂有画意。”连绵如蜀南竹海的茂密竹林，又是化解江湖恩怨、会聚知己良朋的不二选择。青青竹影中，白衣飘飘，是仗剑天涯的侠士，还是饮酒抚琴的“竹林七贤”？

竹石
清
郑板桥

竹子还是中国乐器和音乐诞生的催化物。据传说，远古时期黄帝曾让一位名叫“伶伦”的乐官制定音律，于是伶伦就到山上砍了粗细厚薄都非常匀称的竹子，然后磨出孔洞并用它模仿凤凰的鸣叫，雄性的凤，鸣叫声定为六种，称作“六律”；雌性的凰，鸣叫声也定为六种，称作“六吕”。这便是十二音律，也叫十二律吕的由来。

这个传说在秦代吕不韦及其门客所

竹

东山丝竹图
清
任伯年

玻璃胎画珐琅彩竹节式鼻烟壶
清 雍正

著《吕氏春秋》以及后来许多典籍与诗文中均有记载或表述，例如《吕氏春秋·仲夏纪·古乐》："昔黄帝令伶伦作为律。伶伦自大夏之西，乃之阮隃[1]之阴，取竹于嶰[2]溪之谷，以生空窍厚钧[3]者，断两节间——其长三寸九分——而吹之"。

正是由于这个原因，所以中国古代产生了许多竹制乐器，这种情况在汉字中也留下非常清晰的印记。例如"笛、箫、笙、管、笳、籥[4]"等等，一看便知是以竹子为材料的乐器。因此，后来"丝竹"也就成为音乐的一种标志，体现出弦乐与管乐的完美结合。例如唐代刘禹锡《和[5]乐天[6]南园试小乐》："闲步南园烟雨晴，遥闻丝竹出墙声。"

① "阮"指的是现在河北宣化西南的五阮关；"隃"在这里读 shū，指的是现在山西代州西北的雁门山。但是按照古代文献和地理位置，这里的"阮隃"应当指的是陕西的西边，就像有的文献提到的那样，或许指的是昆仑山。

② 这个字读 xiè，意思是山涧。在这里指当时一条山谷的名称。

③ 由于读音相同，字形相近，"钧"在这里代替的是"均"。

④ 这个字读 yuè，原字形是"龠"，指的是一种用竹子制成的管状吹奏乐器。

⑤ 这是个多音字，在这里读 hè，意思参见第 39 页注。

⑥ 唐代诗人白居易，字乐天，他与刘禹锡交情甚笃。

再行一步

平时我们常用的字里面，其实也有一个字同竹子有直接的关系，这个字就是“个”。“个”在明清年间编纂的《六书通》《六书本义》等文献中，古文字形是一半“竹”，最初表示竹子的枝干或计量单位，意思与表示树木枝干或木片、木棍儿的计量单位“枚”一样。比如东汉刘熙《释名》：“竹曰个，木曰枚。”这种意思曾经还有更加复杂一点的字形“箇”和“個”。

“个顶个”绝对是对某个群体所有成员的褒奖，无论是对人还是对物。这其中虽然与竹子无关，但是它却与“竹”字相关。

当然，竹子在我国传统文化中的重要性并非源自字形，而是在于这种植物本身。历朝历代，吟诵竹子的诗文随处可见，而且许多古代圣贤还以人喻物，人为地赋予竹子若干“美德”。例如王安石的《与舍弟华藏院此君亭咏竹》“人怜直节生来瘦，自许高材老更刚”；还有郑板桥的《竹石》“咬定青山不放松，立根原在破岩中”，以及对联“虚心竹有低头叶，傲骨梅无仰面花”。

由此可见古人对竹子赞赏有加，并且不吝赞美之词，这就

梅竹寒禽图
南宋
林椿

为后来不断有人概括总结竹子有哪些品德奠定了基础。

目前比较一致的大约有“竹之七德”和“竹之十德”两种说法。例如：竹身形挺直，宁折不弯，曰正直；竹外直中通，襟怀若谷，曰虚怀；竹载文传世，任劳任怨，曰担当，等等。

对比古人对“玉德”的种种说法，再结合“玉”为礼器的标志，而“竹”为乐器的代表这些传统，我们实际上能够揣摩到古人对礼法礼制强调“别异”，而对乐器音律求其彰显“合同[7]”的良苦用心。也就是说社会的平稳运转，既要求不同的人与物各安其位，又要求一切个体和谐共处。

⑦ 在这里表示“合而求同”的意思，不是指现在契约意义上的“合同”。

扫描收听有声版

桑

sāng

桑

"桑"的甲骨文字形为，描摹的是长着树叶的树木形状，最初指的就是桑树。字形中凸显的叶片充分表明了"桑叶"的重要作用，例如朱熹所注《诗集传》："桑、梓，二木。古者五亩之宅，树之墙下，以遗[1]子孙，给[2]蚕食"。能够为蚕提供食物的自然非桑叶莫属了，可见桑树的最主要作用就是养蚕。

《诗经》中吟诵桑树的篇章也多与桑叶有关。例如《诗经·卫风·氓》："桑之未落，其叶沃若"，描述的就是桑树的树叶汁液饱满、苍翠欲滴，借以比喻风华正茂的女子。还有《诗经·豳[3]风·七月》："女执懿[4]筐，遵彼微行，爰求柔桑。春日迟迟"，"蚕月条桑，取彼斧斨[5]，

小篆

隶书

楷书

行书

① 这是个多音字，在这里读 wèi，意思是"赠予、送给"。

② 这是个多音字，在这里读 jǐ，意思是"供应"。

③ 这个字读 bīn，原本作"邠"，是周朝时的一个地名。

④ 这个字读 yì，最初表示"贤淑、美好"。这里的意思是"深"。

⑤ 这个字读 qiāng，指的是古代一种方孔斧子。

桑

采桑图
清
闵贞

以伐远扬。猗[⑥]彼女[⑦]桑。”

这些唯美的诗句仿佛让我们眼前浮现出这样的景象：

春光和煦，小路逶迤，桑树林外，三五少女挽筐而来。她们剪下略长一些的柔枝，聚拢成束，准备采下桑叶去喂蚕。

桑叶青青，天气晴好，人与树、桑与蚕，一切的一切都跳跃着生命的律动。而日升日落，周而复始，晨曦与夕照，同样也都是大自然的盛景。烟霞绚烂时，“桑榆暮景”同样令人迷醉。

“桑榆”最初指的是非常具有实用价值的两种树木，一个是纺丝制衣的源头；一个是制作器物的良材，并且还可以入药。例如西汉刘向《九叹·怨思》：“孤雌吟于高墉[⑧]兮，鸣鸠栖于桑榆。”

后来，由于日落时分夕阳的光芒常常照射在桑榆树的树梢，所以“桑榆”也就有了“日暮”的含义。例如清代魏

⑥ 这个字读 yī，在这里表示“聚拢到一起捆扎”。

⑦ 在这里表示“柔软的、柔弱的”。

⑧ 这个字读 yōng，指的是城墙或比较高大的墙。

狗吠鸡鸣

清

石涛

源《客怀八首柬龚定庵⑨舍人》："安得遵云衢，及此桑榆光。"意思是怎样才能循着云中大道，去触摸这夕阳的余晖呢。

⑨ 清代著名思想家、文人龚自珍，号定庵。

蚕桑图
明
孙艾

再往后，由于表示"日暮"，"桑榆"又发展出"暮年"的意思，例如唐代刘禹锡《酬乐天咏老见示》："莫道桑榆晚，微霞尚满天。"诗人对于人生的达观态度着实令人叹服和景仰。

采桑图
春秋战国

再行一步

日有朝夕，人有老幼，桑叶自然也有新芽、枯叶时。“桑落”便是桑树一年之中的暮年时分了。

桑落，最初的意思就是桑叶凋零。例如《诗经·卫风·氓》：“桑之落兮，其黄而陨⑩”，诗句呈现在我们眼前的是一派黄叶飘落的金秋景色。再如北魏贾思勰⑪《齐民要术·笨曲并酒》：“十月桑落时者，酒气味颇类春酒”。这句话所表达的却是在金秋时节，一种佳酿的气味冲击着人们的嗅觉。

桑落时节，一种美酒开始酝酿，这种美酒便是北魏时初次面世，中间经历断代失传，20 世纪又经多方探索并恢复传统工艺的“桑落酒”。

桑落酒，亦称“桑落”，是我国传统历史名酒，产于山西省永济市。永济在北魏时称“河东郡”。明朝人镏绩在其所著《霏雪录》中记载：“河中桑落坊，有井，每至桑落时，取水酿酒美甚，故呼为桑落酒。”另据北魏郦道元《水经注》：“民有姓刘名堕者，宿擅工酿，采挹⑫河流，酿成芳酎⑬”。这位刘姓酿酒技工显然

⑩ 这个字读 yǔn，意思是物体从高空掉下。

⑪ 这个字读 xié，本来意思是使事物协调融洽，一般多用于人名。

⑫ 这个字读 yì，意思是舀取。

⑬ 这个字读 zhòu，指的是经过反复酿造而味道醇厚的酒。

诗经图 豳风图 鸱鸮
南宋
马和之

就是“桑落酒”的创始人了。

桑落酒由于用料讲究，善与时令相配，且工艺精湛，因此一面世便受到广泛追捧，至唐代、宋代还曾列为御酒。例如《旧唐书》：“若应进者，则供春暴、秋清、酴醾、桑落等酒”；还有南宋文学家朱弁《曲洧[14]旧闻》：“太祖微时喜饮之，即位后，令蒲中进其方，遂至今用而不改。”

另外，还有一则与“桑落酒”有关的趣闻，其大意是：北魏年间，南青州刺史毛鸿宾携桑落酒赴任，不巧路遇盗贼，盗贼闻酒香后酒兴大起，于是人人开怀畅饮，不曾想酒入肚肠，结果个个烂醉如泥，最终无一漏网。因此，桑落酒又得美名“擒奸酒”。

⑭ 这个字读 wěi，是古代一条河流的名称，在今河南省境内。

扫描收听有声版

梓

zǐ

梓

小篆

隶书

楷书

行书

“梓”的左边是“木”，表示整个字的意思与树木有关；右边是“宰”的省略，表示整个字的读音；左右合在一起指的是一种落叶乔木——梓树。

梓树又名楸树、花楸、河楸等，字形在古代也曾写作“榟”。这种树的嫩叶可以食用，皮则是一味中药，名叫“梓白皮”，木材轻软而且不容易腐朽，是制作日用器具和乐器的材料。此外，梓树还是一种速生树种，在古代常常被用作柴火。可见梓树的用途十分广泛。

“梓匠、梓人”指的是擅长以梓木制作器具的能工巧匠，后来也泛指木工。例如《墨子·节用中》：“凡天下群百工：轮车、鞼匏[①]、陶、冶、梓匠，使各从事

① 这个词语读 guì páo，指的是制皮革的工匠。

文姬归汉图
南宋
陈居中

其所能。曰：凡足以奉给民用，则止。”由此可以看出，古时候的梓匠以及梓树与人们的饮食起居等日常生活有着非常密切的关系。

而在现代社会，“付梓”与梓树却是渐行渐远了。因为梓木虽然是雕版用材，而且这种表示刊印的说法最初的确也与梓木相关，但是，随着社会和印刷技术的进步，曾经叱咤风云的印刷领域巨人也不可避免地成为博物馆的座上宾。所以，“付梓”所承载的意义，传承与怀旧的意味可能要大于其所包含的实质性内容。例如清代陆以湉[②]《冷庐杂识》：“事历三秋，编成十集，择其尤[③]者付梓”。

梓树的巨大作用使它成为家庭宅园种植的上佳选择，例如朱熹《诗集传》：“桑梓父母所植”。也正是由于桑梓乃是宅院树木，而且还可能是前人所种、后人乘凉，所以人们对“桑梓”怀有深

② 这个字读 tián，意思是水流平静的样子。

③ “尤”最初的意思是“异常、特殊”等。后来一方面发展出褒义的突出，大致相当于“优”；另一方面也发展出消极意义上的突出，例如“以儆效尤”等。在这里是前一种含义。

诗经图 豳风图 九罭
南宋
马和之

诗经图 豳风图 破斧
南宋
马和之

深的敬意与眷恋，例如《诗经·小雅·小弁》：“维桑与梓，必恭敬止。”

对于离乡外出的游子而言，时常萦绕脑际的故土，必定依稀带着庭院和桑梓的影子。因此，“桑梓”后来就成为家乡以及家乡父老的代名词，例如柳宗元《闻黄鹂》：“乡禽何事亦来此，令我生心忆桑梓。”再如沈从文《王谢子弟》：“七爷回信表示农会当然愿意服务，因为一面是为桑梓服务，一面且与素志相合。”

梓

林塘诗思图
清
吴历

再行一步

桑梓多是父母对子女以及后人的馈赠，抚木思亲之时，那远去的音容笑貌令多少儿女情难自已。神情一向温和的母亲，身形永远高大的父亲，这是维护我们茁壮成长的坚实保障。

关于父亲的高大，古代有一种说法叫做“乔梓”。这里面还隐藏着一个有趣的故事，例如《尚书大传》：

伯禽与康叔见周公，三见而三笞之。康叔有骇色，谓伯禽曰：“有商子者，贤人也。与子见之。”乃见商子而问焉。商子曰：“南山之阳有木焉，名乔。”二三子往观之，见乔实高高然而上，反④以告商子。商子曰：“乔者，父道也。南山之阴有木焉，名梓。”二三子复往观焉，见梓实晋晋然而俯，反以告商子。商子曰：“梓者，子道也。”二三子明日见周公，入门而趋，登堂而跪。周公迎拂其首，劳而食之，曰：“尔安见君子乎？”

这则故事，其核心内容是父子之道。虽然康叔只是周公旦的弟弟，不像伯禽与周公是父子。然而，“兄友弟恭”亦是古代传统。因此，贤人“商子”以南山阳坡高大的“乔”树和北

④“反”的甲骨文字形是反手攀岩，最初表示“扳”的意思。由于蕴藏“反手”含义，所以后来也可以表示“反复”等意思。这就与“返”的意思有所交叠了。在这则故事里，“反”均为“返”的意思。

梓

桃村草堂图
明
仇英

坡矮小的“梓”木，以及二者之间的俯、仰态势做比喻，教导伯禽、康叔要尊重父兄。最后，终成皆大欢喜的结局。

“乔”的金文字形是，表示高大，例如《诗经·国风·郑风》：“山有乔松”。因为这个字常常被用来形容树木高大，所以历史上也曾经被写成加了木字旁的“桥”，因此也有“桥梓”这样的写法。

扫描收听有声版

麻

má

麻

小篆

隶书

楷书

行书

“麻”这个字如果按照现代字形，很清楚是由“广”和“林”构成。但是，这个字的古文字形及其含义，颇有些颠覆依照现在字形分析的味道。

“麻”的外面的确是“广”，但是“广”在古代读 yǎn，表示的是房屋；它的里面虽然现在写作“林”，但是古文字形实际上是“𣏟”，读音是 pài，意思指的是经过加工的“麻”；里外合在一起表示在房屋里或者在屋檐下把麻劈①成细一点的条并搓成麻线，也就是治麻。

麻在古代是一种非常重要的生产和生活物资，所以它的名称也有比较细的分类，比如“葩②、枲③、苴④、蕡⑤”等等。例如西汉陆贾《新语·道基》：“种桑麻，

① 这是个多音字，读 pī 的时候，表示“用刀斧砍”或者“正对着”等，如“劈山救母、劈头盖脸”等；读 pǐ 的时候，表示“分开、分裂”等，如“院子里堆着一些劈柴”。在这里是后一种读音和意思。

货郎图（局部）
南宋
李嵩

村医图（局部）
南宋
李唐

致丝枲，以蔽形体。”很清楚地表明纺丝绩麻是为了制衣蔽体。再如西汉刘向在整理《晏子春秋》时为该书所作的《叙录》中提到：“晏子衣⑥苴布之衣，麋鹿之裘，驾敝车疲马，尽以禄给亲戚朋友，齐人以此重之。”表达的则是晏子清廉律己，俸禄大都接济亲友，因此为齐国人所推崇。

麻由于具有这么多非同一般的作用，所以后来还成为农事的标志，例如唐代诗人孟浩然著名的《过故人庄》：“开筵面场圃，把酒话桑麻。”诗人村庄访旧识，做客乡间，一面感受着苗圃与谷场等等乡村风光；一面与友人把盏言欢，闲话一年之中的播种与收获。温情恬淡的气氛，朴实无华的田园，农作物的馨香已经悄然遮盖了好客主人置备的“鸡黍”滋味，一切均洗去铅华，回归自然。农麻之事就是这么质朴。

② 这个字读 fèi，意思是麻籽，后来也指麻。

③ 这个字读 xǐ，意思是不结籽的雄麻。

④ 这个字读 jū，意思是结籽的雌麻。

⑤ 这个字读 fén，意思是大麻或大麻籽。

⑥ 在这里读 yì，意思是“穿”。

辋川图（局部）
元
王蒙（摹王维）

相对而言，皇家之麻则浸染了皇权的威严。例如根据唐代李肇编撰的《翰林志》等文献，“朝廷纶命曰麻”。意思是唐、宋两朝皇家诏书称为“麻”。例如宋代赵彦卫《云麓漫钞》卷五：“至唐置翰林学士，以文章侍从，而本朝因之。翰林学士司麻制、批答等，为内制。中书舍人六员，分房行词，为外制云。”这段话的大致意思是宋朝因袭唐朝旧制，翰林院和中书省都属于负责代朝廷起草诏书的机构，而且这两家机构“用黄白二麻为纶命，其后翰林专掌白麻，中书独用黄麻”。

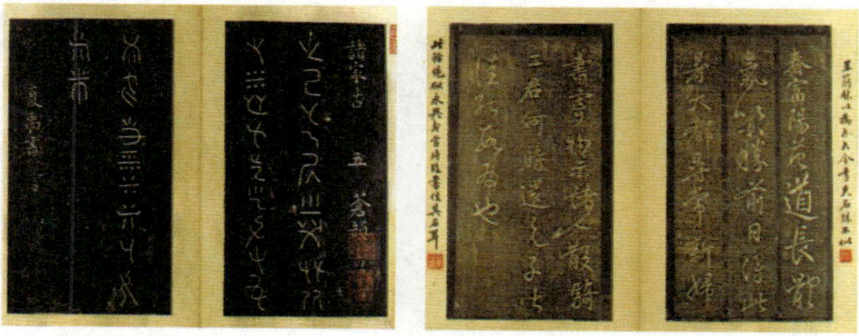

宋拓泉州本淳化阁帖

再行一步

无论白麻、黄麻，其实质都是来自朝廷的皇家指令。而“纶命”一说则有着更加古老的源头。根据目前考据，此说始见于东汉郑玄校释的《礼记注疏》：“王言如丝，其出如纶。王言如纶，其出如綍[7]。”这几句话的意思是：君主说的话如果像丝一样，传出去就如同绶带一般粗细；而君主的话如果像绶带一样，传出去则必定就有大绳子一样粗细。

由此可见，人言可畏的根由或许并不在其源头，而添枝加叶式的层层加码有时真的会压死骆驼。也正是由于这个原因，所以《礼记注疏》的后面还有：“故大人不倡游言。可言也，不可行，君子弗言也。可行也，不可言，君子弗行也。则民言不危行，而行不危言矣。”

上面这段话的主旨大致是：执政者不提倡发表任何没有根据的、浮夸的言论，避免说一切不具备条件付诸实践的话；避免做出一切无法说清楚的行为。这样，百姓也就会言行一致，从而杜绝言行互相抵牾[8]的现象。

⑦ 这个字读 fú，意思是粗大的绳索。

⑧ 这个字读 wǔ，意思是“逆”。

麻

清圣祖康熙朝服像
清

当然，在封建时代，上面种种说法有时也无异于痴人说梦，只能沦为智者的一种“乌托邦”游戏。例如明代沈德符《万历野获编补遗·言事》：“乞上收回纶命，上不允”。不管是什么原因，也不管是什么具体情况，总之，皇上金口玉言、一言九鼎，就算错了，也不可能收回成命。

但是，端坐龙椅的皇帝他老人家也许不曾料到，他的一句话很可能会成为某些“麻烦”的始作俑者，所造成的局面也将不出意外的是：一团乱麻。

如同尚未理顺的麻一般纷乱，显然这正是“麻烦”这种说法的源头。可见，造成麻烦的，错往往并不在“麻”本身，而是在于不善于治麻之人。

扫描收听有声版

柳

liǔ

柳

“柳”左边的“木”表示整个字的意思与树木有关；右边现在写作“卯”，以前实际上是“丣”，读作 yǒu，表示整个字的读音；左右合在一起指一种落叶乔木——柳树。

柳树在人们的印象中永远是枝条柔软、身姿妙曼，而且这也正是“柳”这种名称的由来。例如宋代陆佃《埤[1]雅》：“柔脆易生，与杨同类”；还有李时珍《本草纲目》：“杨枝硬而扬起，故谓之杨。柳枝弱而垂流[2]，故谓之柳”。可见杨树、柳树原本同宗，只是由于各自的某些特征而各具其名，而且其名称均印证着各自独特的基因。

另外，也有一种意见认为“柳树”

小篆

隶书

楷书

行书

① 这是个多音字，读 pí 的时候，表示增加；读 pì 的时候，指的是城墙上的矮墙。在这里用的是前一种读音和意思，“埤雅”意味着对较早的辞书《尔雅》的增补。

② 因为字形相近，读音相同，这里应当是“旒”的意思，也就是旌旗上流苏一类饰物。而且在宋刊本文献中，表示这种意思时使用的都是“流”。

柳窗慵妆
清
费丹旭

的得名与其生长特性有关，例如贾思勰在《齐民要术》中描述了柳树的栽种方法：正月到二月间，截取臂膀粗细的弱柳枝条，长一尺半，把下头二三寸长的一段用火烧过，全部埋入土中。经常把水浇足，必然会有好几个枝条同时生长出来，将其中健壮的一根留下，其余的一律掐掉。这种做法与我国古代劳动人民发明创造的“头木作业法”十分相似，该作业法的核心是通过采伐方式更有效地利用树木，北方地区主要用于柳树。具体方法是对生长到2米左右高度的柳树，除保留当年新生枝条外，其余所有枝条一律截头平茬，留待明年再长新枝。

由于上述两种殊途同归的做法均突出了一个“留”字，所以就有人认为“柳”“留”因为读音相近，于是这种植物也就顺势被命名为“柳树”了。

而且依照这种说法，“折柳送行”

灞桥风雪图
明
吴伟

月堤烟柳图（局部）
明
柳如是

的风俗似乎也就找到了娘家，因为亲友暂别，送行的一方总是盼望能够挽留挥别的一方，折柳相送意在“留下”。例如唐代诗人李商隐《杨柳枝》：“为报行人休尽折，半留相送半迎归”。这种折柳送行之风还使得当年长安东边的灞[3]桥成为送别亲友的一道风景线，而且至今尚存“灞桥折柳”这样的说法。

③ 这个字读 bà，指的是陕西中部流经西安的一条河，属于渭河的支流。

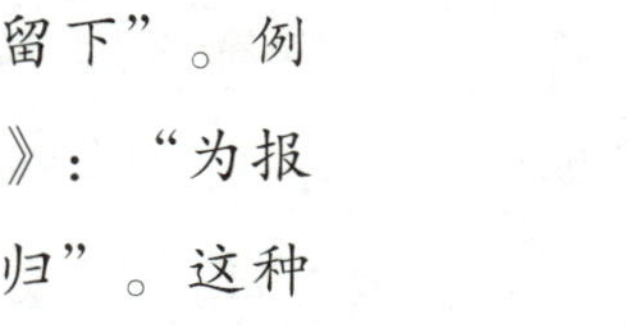

珐琅彩杏林春燕图碗
清

再行一步

在我国传统文化中，柳树虽然确实担负着送行使命，但是它却不仅仅只有如此狭窄的意义。唐代诗人贺知章那首脍炙人口的《咏柳》："碧玉妆成一树高，万条垂下绿丝绦。不知细叶谁裁出，二月春风似剪刀。"已然将柳树推到了新春意象的高度，使柳树成为春天的一位不可或缺的重要使者。因此，后人咏柳也多是借柳咏春，例如清代程先贞《西亭闲坐独酌有述》中的"柳色绿初成，絮语来新鳦④"，描绘的就是春天柳树刚刚发出嫩绿的幼芽，呢喃的燕子飞回北方的画面。春意萌动，时光静好。

当然，有人喜柳，必然就会有人厌柳。例如宋朝诗人曾巩的《咏柳》中，同样的春柳则是截然不同的另一番风光了："乱条犹未变初黄，倚得东风势便狂。解把飞花蒙日月，不知天地有清霜。"不知曾老先生赋诗之时是怎样一番光景，怎样一种心绪，竟至迁怒于新春复苏的垂柳。

不过，柳树除了具有春天的美好意象，的确也为他物他人所累，因此在传统文化中也背负了某些消极的含义。例如敦煌曲

④ 这个字读 yǐ，指的是燕子。

子词《望江南·莫攀我》："莫攀我，攀我大[5]心偏。我是曲江临池柳，者[6]人折了那人攀，恩爱一时间"。这完全是一位青楼女子对世态炎凉的感叹。因此，"柳"在传统文化里，有时也是风尘女子的代名词。

至于这种传统源自哪里，可能还有很大的探究空间。其中有一种可能是源自"章台柳"的典故，"柳"指的是唐朝时一位柳姓红颜。这位女子本来是唐代诗人韩翃[7]的宠妾，后因"安史之乱"等事件，两人天各一方，而且更加不幸的是，其间柳氏又被番将所掳。其中种种，让人难以言说。

另一种可能是"柳枝"的柔婉堪比美人的妩媚，所以"柳"常常被用来形容女子的美貌，例如"柳腰、柳叶眉、柳眼桃腮"等。因此，"柳"与女性就结下了不解之缘。

然而，古代与"柳"相关的女性，如明末清初深明大义、才情卓绝的才女柳如是，恐怕也绝不会是凤毛麟角。更何况还有东晋时谢家小女、王羲之儿媳谢道韫出口咏雪的那句"未若柳絮因风起"，云淡风轻地就把飞雪与柳絮完美地联系在了一起。

⑤ 在古代，"大"原本就是"太"的源头，在这里代替的也是"太"。

⑥ 在这里代替的是"这"。

⑦ 这个字读 hóng，意思是"飞"。

扫描收听有声版

楷

kǎi

“楷”的左边是“木”，表示整个字的意思与树木有关；右边是“皆”，表示整个字的读音；左右合在一起指的是一种落叶乔木——黄连木。例如明代袁宏道《雨久初晴》中“向虚置楷床，卧听鸠妇喜”，意思是在空地放置黄连木做的床，躺在上面听雌鸠的欢叫。

如果按照现代汉语普通话，说“皆”与“楷”读音相近，所以能够表示后者的读音，这大概多少会让人有些诧异。因为这两种原本在古代十分近似的读音，发展到普通话之后，离得确实有些远了。另外，“楷”在古代的确也产生过 jiē 这样的读音，只不过两种读音在意思上并无差别。

孔子圣迹图
明
佚名

楷

孔子夫妇楷木像
春秋战国（传）

黄连木也称“楷[1]木、楷树”等，枝干疏而不曲，被认为是其刚直的本质造就了舒朗挺拔的外表。特别是根据《淮南子·草木训》以及三国时期刘劭[2]、王象等人奉魏文帝敕[3]令编撰的《皇览》等文献，楷树乃是孔圣人坟冢所种植的树木，因此就蕴含着为后世所仿效的“楷模”等寓意。

另据明朝万历年间进士、官至广西右布政使的谢肇[4]淛[5]所著《五杂俎[6]》等文献记载，孔子陵墓前的楷树也有一些很有趣的传说。

相传，孔子仙逝之后，众弟子如丧考妣[7]，他们纷纷从自己家乡带来树苗移植到先师墓旁，并在墓旁守孝。其中，子贡哀至深处，情难自已，手中哀杖深深插入泥土。后来，哀杖竟然生根发芽，终成大树。这种既像柳树又像槐树的植物世所罕见。子贡联想到先贤周公旦陵

① 此处读 jiē。

② 这个字读 shào，意思是“勉励、高尚”等，例如“年高德劭”等。

③ 这个字读 chì，本来意思是“告诫、劝诫”等，后来多用于帝王对下所发布的命令等。

④ 这个字读 zhào，表示“击打、开始”等意思。

⑤ 这个字读“zhè”，同“浙”，多用于人名。

⑥ 这个字读 zǔ，最初指祭祀时用于陈列祭品的托盘，后来也表示切肉用的砧板等。

⑦ “考妣”是对父亲和母亲的尊称，特指已故的父母。

孔子圣迹图 学琴师襄图
明
仇英（画） 文徵明（书）

楷

桂树绶带图
清
华喦

前的“模[8]”树，于是就给这种树取名“楷树”。因此，后人就把“楷”和“模”合称为“楷模”，用来表示那些为人师表、可供后人效法的榜样人物。

看起来，择木而栖的大都是良禽，那么，择地而生的必然也都是足以峣[9]然“秀于山林”的佼佼者。

⑧ 这是个多音字，读 mó 的时候，表示“模子、榜样”等；读 mú 的时候，表示“铸模”等。在这里是前一种读音和意思。

⑨ 这个字读 yáo，意思是高峻的样子。

再行一步

既然楷木具有如此强大的示范、垂范作用，想必与“楷”相关的许多事物都会在不知不觉中带上这样的烙印。

事实正是如此，我们都很熟悉的“楷书”，其含义就是可以当作范式、标准供人效法的书写形式。“楷书”又称“真书、正书”，名称中蕴藏着任何人都能够明白的寓意，既纯粹、本真，又权威、正统。

相对而言，楷书的母体——隶书，它的命就没那么好了，一降生就开始坎坎坷坷。最初只能躲在所有的非正式场合，绝不能登大雅之堂。因为它的主要目的就是为了加快书写记录的速度，因此才会成为以书写为业的“胥吏”们应对日常事务必不可少的一种书写形式。

楷书则是从降生之日起就带着傲人的血统，具备成为榜样的基因。据多部史书记载，楷书的创始人是东汉书法家王次仲。但是也有人认为王次仲是秦代人，而且据说秦朝建立之后，秦始皇由于楷书简捷易写且形体端正，所以多次召王氏进宫，均无果而终。一而再，再而三之后，千古一帝嬴政终于勃然作色，于是命人押解[10]狂傲的王氏进宫。没想到一队人马行至途中，王次仲忽然化作巨鸟翩然而去，只留给人间一个唯美的背影，还有方正的楷书。

与这个浸染了仙界一般传奇色彩的传说相比，东汉另一位楷书狂人师宜官的传说就多了些许烟火气。据说师氏的楷书技艺已臻化境，写大字可以盈丈，若论小楷则又能在方寸之间容下千言。最妙的是，这位仁兄常常不带银钱去酒肆畅饮，边喝边在墙上写楷书，然后让围观的酒客为其“埋单”，而且只要写的字凑足了酒资，他就会把写过的字擦掉。

可见写好楷书还能给人带来小小的收益。另据研究，科举考试中，如果哪位“举子[11]”写字“端而楷”，一般都会赢得“主司[12]”的欢心，顺带就会在评分时获利。这也让我们不得不更加相信“字如其人”这种非常古老的说法。的确，“端而楷”表面上说的是写字，可是往深里想，又何尝不是在说做人呢。

⑩ 这是个多音字，最常见的读音是 jiě；当它读 jiè 的时候，表示“押送、典当”等；读 xiè 的时候，则表示“姓氏、官署”等。此处读 jiè。

⑪ 封建时代科举考试的应试人。

⑫ 封建时代科举考试的主试官。

图书在版编目（CIP）数据

花草字传．满目青翠／张一清著．—济南：山东友谊出版社，2016.7

ISBN 978-7-5516-1069-8

Ⅰ．①花… Ⅱ．①张… Ⅲ．①汉字－通俗读物 Ⅳ．①H12-49

中国版本图书馆 CIP 数据核字 (2016) 第 163183 号

策划编辑：姜海涛
特约策划：龙朝朝
内文插画：田坤工作室
责任编辑：陈　菁
装帧设计：姜海涛
排版制作：安树仁

主管单位：山东出版传媒股份有限公司
出版发行：山东友谊出版社
地　　址：济南市英雄山路 189 号　邮政编码：250002
电　　话：出版管理部（0531）82098756
　　　　　市场营销部（0531）82098035（传真）
印　　刷：山东临沂新华印刷物流集团
版　　次：2016 年 8 月第 1 版
印　　次：2018 年 8 月第 3 次印刷
规　　格：135mm × 185mm
印　　张：5.75
字　　数：95 千字
定　　价：38.50 元

本书如印装质量有问题，请与出版社出版管理部联系调换
版权所有，请勿擅自翻印和用本书制作各类出版物，违者必究